Sei die Liebe deines Lebens

DAS WORKBOOK

3. Auflage 2023 (v4.1)

Elmar Verlag
Oststraße 14, 48231 Warendorf
www.elmar-verlag.de

Text: Ellen Lutum (www.ellenlutum.de)
Cover: Ina Oakley
Illustrationen und Bilder: Theresa Lutum, Canva

Druck:
WIRmachenDRUCK GmbH
Mühlbachstr 7, 71522 Backnang

Hergestellt in Deutschland

ISBN: 978-3-9825811-7-0

Die Autorin

Ellen Lutum ist examinierte Krankenschwester, Heilpraktikerin für Psychotherapie, Coach und Autorin. Sie unterstützt und begleitet Frauen, ihre eigenen Fähigkeiten wiederzuentdecken und auf ihre Intuition zu vertrauen. Frauen zu motivieren, zu begeistern und die Sisterhood-Bewegung zu stärken ist ihre Mission.

Sie ist seit 25 Jahren mit ihrem Mann zusammen und gemeinsam haben sie drei Töchter im Teenageralter.

Bleib auf dem Laufenden

Den Podcast „Sei die Liebe deines Lebens" findest du auf vielen Plattformen (zum Beispiel bei Spotify oder iTunes) aber auch auf meiner Webseite https://www.ellenlutum.de

Sei ein Teil der Community auf Instagram (ellen.lutum) und Facebook (Ellen Lutum).

Die Autorin kann für 1:1 Coachings, Lesungen, Vorträge und Workshops gebucht werden.

Signierte Buchbestellung

Du möchtest ein oder mehrere Exemplare meiner Bücher "Jedes Pfund hat seinen Grund" (Infos am Ende dieses Buches) oder "Sei die Liebe deines Lebens" oder vielleicht das dieses Workbook noch einmal direkt bei mir bestellen?

Vielleicht auch als Geschenk mit persönlicher Widmung für eine gute Freundin? Dann bist du hier genau richtig.

Du findest das Bestellformular auf meiner Webseite unter: Angebote -> Signiertes Buch oder scanne einfach den QR Code

Inhalt

Hallo meine Liebe,

wie schön, dass du da bist.

Mit diesem Workbook möchte ich dich dabei unterstützen, zu erkennen, was für ein wundervoller und einzigartiger Mensch du bist. Du darfst wieder beginnen, liebevoll und wohlwollend mit dir umzugehen. Du darfst in dir die Liebe deines Lebens finden.

Vielleicht kennst du schon viele Aufgaben aus meinem Buch „Sei die Liebe deines Lebens", das hat einen Grund. Wir lernen am besten durch Wiederholung und Vertiefung. Auch nach so vielen Jahren übe ich die folgenden Übungen immer wieder. Wenn mein Ego mir erzählen möchte, ich wäre da schon „gut genug" drin und ich brauche das nicht mehr, weiß ich:

Nein- ich brauche es bestimmt nicht. Aber ich tue es trotzdem, weil ich weiß, dass es mich weiterbringt.

Diese Reise, auf der du dich befindest, ich persönlich glaube nicht, dass sie jemals zu Ende ist. Es geht einfach immer weiter und das ist für mich persönlich ein wundervoller Prozess.

Dennoch habe ich hier im Workbook einige Übungen hinzugefügt, die du in meinem Buch nicht findest.

Schließlich darfst du ja auch einen Mehrwert haben.

Eins möchte ich dir noch mit auf dem Weg geben:

Du bist ein Mensch unter Milliarden anderer Menschen. Es gibt unter diesen Milliarden Menschen niemand, der oder die so ist wie du. Es hat einen Grund, warum es dich gibt.

Diese Welt braucht genau dich. Bitte lebe deine Einzigartigkeit. Folge deiner Intuition und vertraue dieser.

Dieses Workbook darf dich dabei unterstützen. Wenn du auf deinem Weg mal nicht weiterweißt, wenn du Zuspruch oder Zusammenhalt brauchst, kann ich dir nur meine Facebook Gruppe „Sei die Liebe deines Lebens" empfehlen.

Dort sind viele tolle Frauen und wir unterstützen uns dort alle gegenseitig.

Du siehst, du bist nicht allein.

Ich wünsche dir alles Gute und vor allem viel Spaß mit diesem Workbook, denn Veränderung darf Spaß machen. Ich weiß, du kannst alles erreichen, was du willst.

Deine Ellen

*„Auf der ganzen Welt gibt es niemanden, der genauso ist wie ich.
Ich bin ich und alles, was ich bin, ist einzigartig.
Ich bin für mich verantwortlich, ich habe alles, was ich hier und jetzt brauche, um voll und ganz zu leben.
Ich kann mich entscheiden, das Beste von mir zu zeigen., ich kann mich entscheiden, zu lieben und in meinem Leben einen Sinn und im Universum eine Ordnung zu finden.
Ich habe die Wahl, mich zu entwickeln, zu wachsen und in Harmonie mit mir, mit anderen und mit Gott/dem Universum zu leben.*

*Ich bin es wert, genauso wie ich bin, angenommen und geliebt zu werden, hier und jetzt.
Ich bringe mir Liebe entgegen und nehme mich an, ich beschließe, von heute an ganz zu leben.*

-Virginia Satir-

Wer bist du
und wer willst du sein?

Wer bist du und wer willst du sein?

Es ist und bleibt die wichtigste und gleichzeitig eine der schwersten Fragen überhaupt:

Die Frage nach dem: „Wer bist du und wer willst du sein?"

Diese Frage geht in unserem Leben oft unter. Dabei ist sie so spannend. Ich hatte lange Zeit meine Probleme damit, eine Antwort auf diese Frage zu finden. Vielleicht geht es dir jetzt gerade ähnlich. Selbst, wenn du dir diese Frage schon mehrfach beantwortet hast- höre bitte nicht auf damit. Du und vor allem dein Sein ist nicht in Stein gemeißelt. Es darf sich verändern und wandeln. Sich diese Frage zu stellen und auch zu beantworten, bedeutet, dass du dir immer wieder bewusst machst, welche Werte du hast und schaust, ob du sie auch lebst.

Sich mit sich und seinen eigenen Werten auseinander zu setzen bedeutet, dass du die Verantwortung für dein Leben übernimmst und vor allem, änderst du deinen Fokus.

Anstatt mich zu fragen, wer ich sein will, habe ich mich lange Zeit gefragt: Warum passiert mir das alles immer? Warum kriegen die anderen alles so prima hin und ich nicht?

Kommen dir diese Gedanken bekannt vor? Mit diesen Gedanken lenkst du deinen Blick auf das Negative. Auf das Negative an dir, auf das Negative in deiner Beziehung, auf das Negative in deinem Leben. Von diesen negativen Dingen lässt du dich runterziehen und machst dich damit zum Opfer der äußeren Umstände.

Ein wichtiger Satz, der dich sofort aus der Opferrolle heraus bringt ist:

Umstände haben keinen Einfluss auf deine Gefühle

Ich will damit nicht sagen, dass du dich von nun an im super Happy Land befindest. Dass es keine doofen Situationen oder Umstände gibt. Auch in meinem Leben passieren noch Dinge, von denen ich denke: „Echt jetzt?"
Das was sich aber verändert, ist wie du damit umgehst.

Schau, wenn ich auf der Straße in einen Haufen Scheiße trete, ist das erstmal richtig ätzend. Egal wie ich es erst einmal betrachte, habe ich Scheiße am Schuh. Doch ich kann entscheiden, ob ich mich darüber ärgere oder ob ich damit meine Beete düngen möchte.

Stell dir wieder die Frage, wer du sein willst. Die, die sich so aufregt und ärgert, oder diejenige, die in der Lage ist, aus allem das Beste zu machen. Es ist auch völlig okay, sich aufzuregen und wütend zu sein. Jedes Gefühl an uns ist in Ordnung und darf sein. Wir sprechen von authentisch sein und echt sein. Immer nur gut drauf sein, wäre das nicht.

Mir persönlich ist meine Lebenszeit dafür zu schade. Ich kann mich über meine Sachen aufregen- klar. Dann kann ich wütend sein und toben. Und dann stelle ich mir wieder die Frage: „Ellen, wer willst du sein?" Sicher nicht das wütende Rumpelstilzchen, was tobt und richtig Theater macht.

Dann nehme ich mein Rumpelstilzchen in den Arm. Meistens lachen wir dann über uns und die Dramatik kann der Situation entweichen.

Nimm dir hier wirklich bewusst Zeit, dir aufzuschreiben, wer du bist.

Wo stehst du?

Bevor wir an deine Veränderung gehen, ist es sinnvoll, erst einmal den IST-Zustand zu betrachten und zu schauen, wo du momentan stehst. Die nächsten Übungen sollen dir dabei helfen.

Rad des Lebens

Diese Übung veranschaulicht deine momentane Lebenssituation und dein Lebensgefühl sehr gut. Nimm dir einen Moment Zeit und beurteile im Rad deines Lebens deine Zufriedenheit gegenüber den aufgelisteten Lebensbereichen. Mach bei dem Wert ein Kreuz, der sich für den jeweiligen Lebensbereich stimmig anfühlt. 0 ist dabei der niedrigste und 10 der höchste Zufriedenheitswert. Verbinde anschließend die von dir gesetzten Kreuze, sodass eine Art zweiter Innenkreis entsteht. Sei dabei ganz ehrlich dir selbst gegenüber.

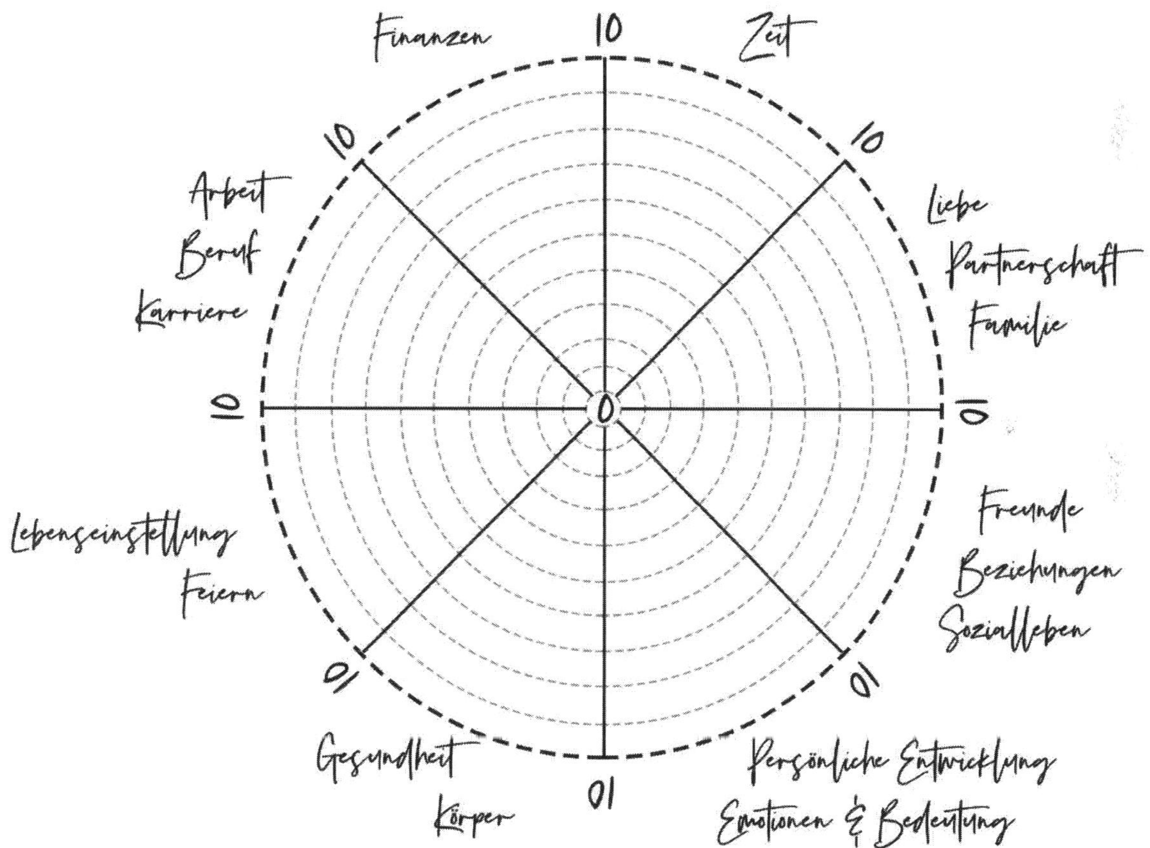

Bitte notiere dir nun in kurzen, einfachen Sätzen, wie du über dein momentanes Leben denkst. Betrachte dafür die einzelnen Bereiche in deinem Rad des Lebens. Wie sieht dein Leben in den einzelnen Bereichen aus? Wie fühlt es sich an?

Dein täglicher Kampf

Wie sieht die Bilanz aus, die du über dein momentanes Leben gezogen hast? Wenn ich raten dürfte, würde ich schätzen, dass es eine Menge von Dingen gibt, mit denen du nicht zufrieden bist. Und das ist kein Wunder! Wir haben im Laufe unseres Lebens gelernt, uns auf das Negative zu fokussieren. Vor allem auf das Negative an uns selbst.

Dabei gab es eine Zeit in deinem Leben, da fandst du dich mega geil. Nämlich, als du ein Baby warst. Babys lieben alles an sich. Irgendwann kam jedoch der Zeitpunkt, da haben wir von den Erwachsenen gelernt, was alles nicht richtig an uns ist. Wahrscheinlich denkst du oft, dass du nicht gut genug bist. Dass du etwas dafür tun musst, um geliebt zu werden. Dass du immer kämpfen musst. Besonders wir Frauen und Mütter kämpfen ständig. Wir kämpfen gegen die Wäsche, gegen die Hindernisse des Alltags und vor allem gegen uns selbst und unseren Körper.

Kannst du dich anschauen und sagen: Ich finde mich großartig genauso, wie ich bin?

Dieser Kampf, den du täglich gegen dich selbst führst, erzeugt extremen Druck. Dabei ist das, wogegen du kämpfst, schon da. Wäre es nicht leichter, mit dem Kämpfen aufzuhören und stattdessen zu akzeptieren, was ist?

Angenommen, du würdest einmal „JA“ sagen zu allen Dingen, die bereits sind und akzeptieren, dass sie so sind. Nimmt das nicht den Druck raus? Kannst du dir damit nicht die Kraft sparen, dagegen ankämpfen zu müssen? Warum kämpfst du gegen die Dinge, die schon da sind?

Wenn du aufhörst, gegen die Dinge anzukämpfen, die du nicht ändern kannst, schaffst du Platz für die Dinge, die in deinem Einflussbereich liegen.

Die nächste Übung wird dir dabei helfen, deiner Antwort auf diese Frage ein Stück näher zu kommen.

“
Es gibt keine
Grenzen für das,
was wir als Frauen
erreichen können.
MICHELLE OBAMA
”

Dein Vision Board

Ein Vision Board kann dir helfen, mehr Klarheit darüber zu gewinnen, wer du sein möchtest und wo du hinwillst. Vielleicht hast du auch schon ein Vision Board gestaltet. Dann bitte schaue es dir in Ruhe an, um zu überprüfen, ob es noch für dich passt. Nehme ggfls. Veränderungen vor und passe es an.

Ein Vision Board ist im Prinzip eine große Collage, die alle Lebensbereiche umfasst. Also sowohl Familie und Beziehung als auch Beruf, Sport, Körper, Reisen, Finanzen und alles, was dir noch einfällt. Dein Vision Board soll das Leben abbilden, das du dir wünschst.

Du kannst dafür Fotos verwenden, Bilder ausdrucken oder aus Zeitschriften ausschneiden und daraus dein Vision Board erstellen. Nimm dir für diese Aufgabe bitte wirklich Zeit und erlaube dir ruhig. groß zu träumen. Dieses Board soll deine Vision von deinem zukünftigen Leben einfangen. Dabei ist alles erlaubt. Also hab Spaß und frage dich, wohin du willst!

Tun ist wie Wollen - Nur krasser!

Jetzt fragst du dich vielleicht, was du mit deinem Vision Board machen sollst. Am besten hängst du es an einen Ort, wo du es möglichst oft siehst. Bei mir hängt es zum Beispiel über dem Bett. So sehe ich es jeden Abend vor dem Schlafengehen und am Morgen direkt nach dem Aufstehen. Vertrau mir. Das macht wirklich einen Unterschied. Mit der Zeit wirst du immer mehr das Gefühl bekommen, das Ruder in deinem Leben wirklich in der Hand zu haben

Du gibst deinem Unterbewusstsein damit die Richtung vor und das ist entscheidend. Denn wissenschaftlichen Erkenntnissen zufolge macht unser Unterbewusstsein circa 96% unseres Handelns aus. Die meiste Zeit des Tages laufen wir auf Autopilot und das macht es uns so schwer, aus alten Verhaltensmustern herauszukommen.

Visualisieren kann dir helfen, deinem Unterbewusstsein eine Richtung vorzugeben. Dein Vision Board ist ein Teil des Visualisierungsprozesses. Die nächsten Übungen werden dich dabei unterstützen, noch tiefer in deine Vision einzutauchen und dein Unterbewusstsein so zu „programmieren", dass du die Dinge in dein Leben ziehst, die du haben möchtest. Den nichts verändert sich nur dadurch, sich etwas anzuschauen. Visualisieren funktioniert nicht, indem du dich auf die Couch setzt und auf die Veränderung wartest.

Schau dir deine Vision an und beginne damit, umzusetzen. Das zu tun, was nötig ist, um deine Ziele zu erreichen. Und du darfst mit kleinen Zielen anfangen. Baue dir Etappen auf. Und jedes Erreichen der Etappe feierst du. So richtig.

Dein Journal für jeden Tag

Dein Unterbewusstsein kennt weder Vergangenheit, noch Zukunft. Es kennt nur das hier und jetzt. Deswegen ist es ganz wichtig, beim Visualisieren immer so zu tun, als wäre alles bereits so, wie du es dir vorstellst. Wenn du diese Vision mit Dankbarkeit verknüpfst, so als wäre alles bereits eingetreten, wie du es dir wünschst, kennst du eines der mächtigsten Werkzeuge überhaupt. Du bist kein Bittsteller- sondern du empfängst in Dankbarkeit. Das macht einen gehörigen Unterschied.

Ich möchte, dass du dir die Journal Vorlage am Ende dieses Buches nutzt. Von heute an schreibst du jeden Tag in dieses Journal. Ich mache das gern am Abend vor dem Schlafengehen. Ganz wichtig: Du schreibst kein Tagebuch! In dieses Buch kommt nur Positives.

Was genau sollst du jetzt in dieses Notizbuch schreiben?

- Die Dinge, die du schon hast und für die du dankbar bist
- Die Dinge, die du in deinem Leben haben möchtest

Auf den nächsten Seiten findest du eine Vorlage für dein Journal, die du gern nutzen kannst.

Für den zweiten Punkt achte unbedingt darauf, in der Gegenwartsform zu schreiben. Wenn du eine erfüllte und harmonische Beziehung führen möchtest, schreibst du auf: Ich führe eine erfüllte und harmonische Beziehung. Damit „programmierst" du dein Unterbewusstsein und tust so, als wäre es schon Realität. Vertrau mir.

Es wird etwas verändern.

In meinem Journal stehen immer Sätze, die mit „Ich bin..." oder „Ich habe..." beginnen. Damit sendest du ein ganz klares und deutliches Signal.

Damit du dir ein besseres Bild machen kannst, hier ein paar Sätze von mir:

- Ich habe eine super positive Ausstrahlung und grenzenlose Energie.
- Ich bin eine erfolgreiche Geschäftsfrau und eine führsorgliche Mutter.
- Ich bringe Haushalt und Beruf ganz einfach unter einen Hut.
- Ich bin entspannt, ausgeglichen und achte auf meine Bedürfnisse.
- Ich habe jeden Tag Zeit für mich.
- Ich habe jeden Tag super gute Ideen.
- Ich bin eine erfolgreiche Autorin.
- Ich führe eine glückliche und gleichberechtigte Beziehung.

Hab Spaß und nimm dir jeden Tag ein paar Minuten Zeit, um in dein Journal zu schreiben, wofür du dankbar bist und was du für dich und dein Leben möchtest.

Vorlage für dein tägliches Journal

Neben den zwei Fragen, die ich dir weiter oben für dein tägliches Journaling an die Hand gegeben habe, gibt es noch weitere, die ich gern nutze, um den Tag und meine Gefühle zu reflektieren.

Um dir das Journaling zu erleichtern, habe ich dir hier eine Vorlage mit einigen Fragen eingefügt. Diese kannst du einfach als Hilfestellung für dein tägliches Journaling nutzen!

- Wie fühle ich mich heute in meinem Körper?
- Wie fühle ich mich im Inneren meines Herzens?
- Was für Gedanken sind genau jetzt vorherrschend?
- Für welche Dinge bin ich heute dankbar?
- Welche Dinge möchte ich gern in meinem Leben haben? (in der Gegenwartsform formulieren)

Auf den Journal Seiten am Ende des Workbooks findest du Platz, dein eigenes tägliches Journal zu schreiben. Lass dich inspirieren und denke groß! Tobe dich richtig aus!

Hauptsache allen anderen geht es gut!

Ich bin nicht so wichtig!?

Kennst du diese Gedanken?

Hauptsache allen anderen geht es gut! Ich bin nicht so wichtig!

Wenn ich dich fragen würde, wen du wirklich liebst, wie lange würde es dauern, bis du deinen Namen nennst? Die meisten von uns haben nie gelernt, sich an die erste Stelle zu setzen. Ich wette, dass auch du eine ganze Menge für andere tust, aber dich selbst dabei oft vergisst.

Jetzt geht es um DICH und DEINE Bedürfnisse.

Warum?

Weil du Kraft brauchst und Energie, um dein Leben mit Leichtigkeit leben zu können. Damit das funktionieren kann, darfst du dich zuerst um dich kümmern. Es geht um Selbstliebe und Selbstfürsorge.

Geht bei dem Wort Selbstliebe bei dir auch ein kleines Alarmlämpchen an? Viele Frauen und Mütter haben Angst, weil sie denken Selbstliebe wäre Egoismus. Halte einmal kurz inne und frage dich: Denkst du, wenn du dich um dich selbst kümmerst, wärst du egoistisch?

Daran wollen wir jetzt etwas ändern. Das Ziel ist es, das du deine Energiereserven wieder auflädst, deine Bedürfnisse erkennst und erfüllen kannst und das ohne schlechtes Gewissen.

Denn du bist wichtig!

Doch bevor wir richtig loslegen, findest du auf der nächsten Seite einen Vertrag, den du mit dir selbst abschließt. Damit gibst du dir das Versprechen, dranzubleiben und dich gut um dich zu kümmern, auch wenn schwierige Zeiten kommen.

An Tagen, an denen sich alles schwer anfühlt und du denkst, dass das alles ja eh nichts bringt, nimmst du deinen Vertrag wieder zur Hand. Er wird dich an dein Versprechen dir selbst gegenüber erinnern und dich motivieren, am Ball zu bleiben.

Lies dir den Vertrag bitte gut durch und unterschreibe ihn in dem vollen Bewusstsein, dass du dir damit einen Gefallen tust.

Vertrag mit dir selbst

Ich, ____

verspreche mir selbst mit meiner Unterschrift, dass ich vom (heutiges Datum) ______________ alles tun werde, um mein Ziel von einem erfüllten Leben zu erreichen.

Ich werde Abstand nehmen von

- Ausreden
- Perfektionistischem Verhalten
- Selbstzerstörerischen Gedanken
- Opferrolle
- Vernachlässigen meiner Bedürfnisse

Ich verdiene es, ein Leben voller Lebensfreude und Leichtigkeit zu führen und mich wieder als Frau zu fühlen. Ich verdiene es, für mein Wohlergehen zu sorgen und mich selbst so zu akzeptieren und zu schätzen, wie ich bin.

Dafür bin ich bereit, Folgendes zu tun:

- Meine Überzeugungen und Verhaltensweisen so zu ändern, dass sie mir und anderen dienlich sind.
- Meine Veränderung mit Freude und Spaß anzugehen und auch in schwierigen Zeiten am Ball zu bleiben.
- Jeden Tag etwas für mich zu tun und meine Bedürfnisse wahrzunehmen.
- Bereit zu sein, auch mal „Nein" zu sagen und etwas nicht perfekt zu machen.
- Mich von Menschen zu distanzieren, die negativ für mich sind und mir ein schlechtes Gefühl geben.
- Niemals aufzugeben!

Zu meinem Wohle und dem Wohle meiner Mitmenschen.

____

Unterschrift

(PS: Lies dir gut durch, was du hier unterschreibst. Nimm dir Zeit und lies die Sätze laut vor. Wenn es für dich passt, unterschreibe den Vertrag mit dir selbst. Wenn du ihn in vollem Bewusstsein unterschreibst, gibst du damit die Richtung für dein neues Leben voller Leichtigkeit, Gelassenheit und Freude vor.)

Die Freiheit
des Menschen
liegt nicht nur
darin, dass er
tun kann, was
er will.
Sondern dass
er nicht tun
muss, was er
ncht will

Wie gut kümmerst du dich schon um dich selbst?

Vielleicht hast du dich schon gefragt, woran du denn jetzt erkennst, ob du dich schon gut um dich kümmerst oder ob du dich selbst noch viel zu unwichtig nimmst.

Kreuze bitte im Folgenden an, welche Aussage schon voll auf dich zutrifft:

- ☐ Ich bin voller Lebensfreude, auch an schwierigen Tagen.
- ☐ Ich bin voller Tatendrang, Energie und Kraft.
- ☐ Das Wohlergehen anderer liegt mir am Herzen und ich trage gern dazu bei.
- ☐ Ich bin offen für Neues und kann mich entfalten.
- ☐ Ich tue jeden Tag etwas nur für mich.
- ☐ Ich kann „Nein“ sagen, wenn andere Menschen, mich um einen Gefallen beten, ich aber keine Energie oder Zeit habe, es zu tun.

Na, wie viele Kreuze konntest du setzen? Wahrscheinlich eher wenige bis gar keine oder? Das war bei mir früher ganz genauso. Dafür musste ich erst lernen, wie ich meine Energiereserven auffülle. Und genau das wirst du auch lernen.

Kraftreserven füllst du am besten, wenn du deine Bedürfnisse wahrnimmst und sie erfüllst und zwar nicht erst dann, wenn dein Körper streikt und dir Warnsignale sendet. Mit deinem Vertrag mit dir selbst hast du dir versprochen, dich um dich zu kümmern, statt dich nur um andere zu sorgen.

Leichter gesagt als getan? Besonders an Tagen, an denen du das Gefühl hast, ohne dich würde gar nichts gehen und alles fühlt sich anstrengend und schwer an, wird es nicht einfach sein, auf dich selbst zu achten. Doch genau an diesen Tagen ist die Selbstfürsorge besonders wichtig. Mit leeren Akkus hilfst du niemandem. Am wenigsten dir selbst.

Die nächste Übung wird dir vielleicht schwerfallen, aber ich möchte, dass du sie tust. Und zwar auch an den schweren Tagen.

Die goldene halbe Stunde

Von heute an wird es deine Aufgabe sein, jeden Tag eine halbe Stunde lang NICHTS zu tun. Und wenn ich nichts sage, meine ich nichts.

Kein Fernsehen, keine Musik, kein Lesen, kein Schlaf.

Such dir einen Ort, an dem du 30 Minuten lang ungestört sein kannst und tu einfach mal nichts. Lass deine Gedanken einfach kommen und gehen.

Diese Übung soll dich aus dem Autopilot herausbringen, indem du dich wahrscheinlich den Großteil des Tages befindest. Es geht darum, für einen Moment aus dem Alltag und Stress herauszutreten und nur für dich zu sein.

Besonders am Anfang wird es dir vielleicht schwerfallen, aber denk an deinen Vertrag und bleib dran, auch wenn Zweifel und Ausreden kommen sollten. Sei es dir wert, dir diese halbe Stunde am Tag zu nehmen. Es liegt in deiner Verantwortung, dass es dir gut geht.

Notfall-Liste: 20 Dinge, die dir Spaß machen

Die wahre Kunst ist es, an schlechten Tagen in deiner Kraft zu bleiben. Es wird immer wieder Tage geben, an denen du keine Lebensfreude spürst, alles andere als gelassen bist und dir das Wohlergehen anderer egal ist.

Diese Liste ist sozusagen deine Backup-Lösung für solche Tage. Auf diese Liste schreibst du all die Dinge oder Aktivitäten, die dich schnell wieder in ein gutes Gefühl bringen. Zur Inspiration findest du auf der nächsten Seite meine persönliche Notfall-Liste.

1. ______
2. ______
3. ______
4. ______
5. ______
6. ______
7. ______
8. ______
9. ______
10. ______
11. ______
12. ______
13. ______
14. ______
15. ______
16. ______
17. ______
18. ______
19. ______
20. ______

Ellens Notfall-Liste

Hier findest du meine persönliche Notfall-Liste. Lass dich gern davon inspirieren.

1. 30 Minuten nichts tun
2. eine 30-Sekunden-Tanzparty machen
3. Eiserhörnchen backen
4. in den Wald gehen
5. Sushi essen
6. mit meinem Kind ein Spiel spielen
7. Küssen
8. ein Schaumbad
9. eine lange heiße Dusche
10. das Bad putzen
11. Blumen pflanzen
12. Rasen mähen
13. Fahrrad Tour
14. auf einem Elefanten reiten
15. Paragleiten
16. Wandern
17. Sauna
18. mich mit meiner Freundin treffen
19. Brot backen
20. Sex

Ich mag Menschen, die mir Kraft geben, anstatt sie mir zu rauben.

Was ist Egoismus? Was ist Selbstfürsorge?

Vielleicht hast du an dieser Stelle noch immer Angst, als egoistisch oder selbstbezogen zu gelten. Vielleicht machst du dir Sorgen, dass du rücksichtslos wirkst, wenn du dich um deine eigenen Bedürfnisse kümmerst.

Du findest weiter unten Merkmale, an denen du erkennst, was der Unterschied zwischen Selbstfürsorge und Egoismus ist. Wenn du mal wieder zweifelst, lies dir diese Merkmale gern wieder durch und erinnere dich daran, dass du nicht egoistisch bist, sondern gut für dich sorgst und dass du nur für andere da sein kannst, wenn es dir wirklich gut geht. Ich habe es in meiner Arbeit noch nie erlebt, dass eine Frau von der Selbstfürsorge in den Egoismus gekippt ist. Doch vielleicht hilft dir diese Übersicht, um festzustellen, dass du nicht egoistisch bist.

Wenn du in der Selbstfürsorge bist, dann:

- Kümmerst du dich gut um dich selbst, um deine Kraftreserven aufzuladen und damit auch anderen zu helfen.
- Empfindest du Empathie für andere.
- Kannst du die Macken und vermeintlichen Schwächen anderer tolerieren.
- Akzeptierst du dich selbst und deine Grenzen.
- Kennst du deine Stärken und nutzt sie auch, um anderen zu helfen.
- Haben äußere Umstände keinen Einfluss auf deinen Selbstwert.
- Achtest du auf deine Bedürfnisse und kannst ein wertschätzendes „Nein" aussprechen, um deine Grenzen zu wahren.
- Ist dir langfristige Bedürfnisbefriedigung wichtiger als kurzfristige.
- Du spürst Dankbarkeit für die guten Dinge in deinem Leben.

Wenn du im Egoismus bist, dann:

- Nimmst du keine Rücksicht auf andere und dir ist ihr Wohlbefinden egal.
- Hast du kein Mitleid mit anderen.
- Tolerierst du die Macken der anderen nicht.
- Nutzt du andere Menschen aus, um einen Vorteil daraus zu ziehen.
- Misst du deinen Selbstwert an „Statussymbolen".
- Fühlst du dich minderwertig und lässt das an anderen aus.
- Tust du Dinge für andere, um etwas dafür zu verlangen.
- Ist dir kurzfristige Bedürfnisbefriedigung wichtiger als langfristige.
- Dir fällt es schwer, dankbar zu sein.

50 Dinge, die du an dir magst

Finde 50 Dinge an dir, die du magst und die du gut kannst und notiere sie gern hier oder in deinem Journal. Diese Liste soll dir helfen, aus dem Zweifel herauszukommen. 50 Dinge erscheinen dir vielleicht viel, aber bitte investiere die Zeit und finde wirklich 50 Dinge und nicht weniger! Es kann sein, dass du dafür eine Weile brauchst, aber ich bin mir sicher, du wirst sie finden, denn es gibt unendlich viele Dinge an dir, die toll sind und die du gut kannst. Lege dir dieses Blatt in deine Reichweite. Beispielsweise an den Schreibtisch oder auch in die Küche oder auf dein Nachtschrank. Du kannst einfach im Laufe des Tages, im Laufe der Wochen immer wieder die Liste vervollständigen. Fällt es dir wirklich schwer, deine positiven Eigenschaften zu sehen, dann frag doch einfach mal deine Liebsten oder Kollegen, einfach Menschen, die dich schon gut kennen. Was schätzen die an dir? Was finden diese Menschen an dir großartig? Betrachte dich doch selber mal aus einer anderen Perspektive.

1. ______
2. ______
3. ______
4. ______
5. ______
6. ______
7. ______
8. ______
9. ______
10. ______
11. ______
12. ______
13. ______
14. ______

15. ______

16. ______

17. ______

18. ______

19. ______

20. ______

21. ______

22. ______

23. ______

24. ______

25. ______

26. ______

27. ______

28. ______

29. ______

30. ______

31. ______

32. ______

33. ______

34. ______

35. ______

36. ____________________

37. ____________________

38. ____________________

39. ____________________

40. ____________________

41. ____________________

42. ____________________

43. ____________________

44. ____________________

45. ____________________

46. ____________________

47. ____________________

48. ____________________

49. ____________________

50. ____________________

Mut steht am Anfang des Handelns, Glück am Ende.

Glaub nicht
alles, was du denkst

Glaub nicht alles, was du denkst

Jetzt geht es darum, deinem Zweifel auf die Spur zu kommen. Ich bin mir sicher, so schön das mit der Selbstliebe auch ist, es kommen immer wieder Gedanken wie:

- Das kann ja gar nicht stimmen.
- Die sagen das nur, weil sie nett sein wollen
- So besonders bist du doch gar nicht.
- So einfach geht das alles ja auch nicht.
- Ich bin schon zu alt, um neues zu lernen.
- Das mag ja bei anderen funktionieren, doch bei mir geht das so einfach nicht.

Das, meine Liebe sind Glaubenssätze. Sie füttern unseren Zweifel. Glaubenssätze entstehen in unserer frühen Kindheit aber auch noch im Erwachsenen Alter. Sie begleiten uns auf Schritt und Tritt. Sie sind „eigentlich“ ja nur Gedanken, aber in unserer Welt halten wir sie für die Realität.

Und diese Glaubenssätze haben eine große Macht über uns. Weil sie uns einschränken und in unserer Komfortzone halten. Da es in den allermeisten Fällen um negative Glaubenssätze geht, schauen wir uns diese noch mal intensiv an.

Ziel ist es, dass du positiver und gelassener durch die Welt gehen kannst, ohne dich von negativen Gedanken einschränken lässt.

Als du auf die Welt gekommen bist, hattest du ein ideales Bild von dir selbst und der Welt. Durch deine Erziehung und (meist negative) Erfahrungen hast du gelernt, was vermeintlich nicht gut an dir und der Welt ist.

Glaubenssätze sind nichts anderes als verfestigte Glaubensmuster. Sie resultieren aus Erfahrungen und Erlebnissen, die wir gemacht haben und die wir vor unserem geistigen Auge immer wieder abspulen. Dabei neigen wir oft dazu, den negativen Dingen mehr Raum zu geben. Sie werden zu einem festen Teil unseres Denkens und bestimmen auch unser Handeln.

Deine Glaubenssätze sind jedoch nur für dich real. Du hast andere Erfahrungen und Prägungen als jeder andere und deswegen auch andere Glaubenssätze. Doch in dem Moment, in dem du deine Glaubenssätze glaubst, werden sie zu deiner Realität. Wenn du glaubst „Ich bin nicht gut genug“ oder „Ich kann einfach nicht abnehmen“ werden diese Gedanken zu deiner persönlichen Realität.

So wie du dir die Welt denkst, so wirst du sie auch erleben.

Nun werden wir deinen Glaubenssätzen auf die Spur kommen.

Nach den Gesetzten
der Physik kann eine
Hummel nicht
fliegen. Die Hummel
weiss das aber nicht-
sie fliegt einfach.
MARKY KAY ASH

Finde deine Glaubenssätze

Wir denken uns die Welt, wie sie uns gefällt. Und wir merken nicht, dass diese Glaubenssätze einfach nicht echt sind. Aber wir halten sie für absolute Realität.

Woher kommt das?

In unsere Kindheit und Jugend wurden wir von unseren Eltern, Geschwistern, Großeltern, Onkel und Tanten sehr geprägt. Sie haben uns, ohne es zu wollen, neben positiven Gedanken auch Glaubenssätze mitgegeben, die uns heute blockieren und das Leben schwer machen.

Genauso haben wir Situationen erfahren, in denen wir Liebe, Geborgenheit und Zuneigung gebraucht hätten, sie aber nicht bekommen haben oder vielleicht bekommen haben, es aber einfach für uns nicht genug war. In jedem Erwachsenen sitzt ein inneres Kind, das verletzt wurde und sich nicht geliebt fühlt.

Vielleicht fällt dir direkt eine Situation ein, wo du dich klein, wertlos oder ungeliebt gefühlt hast. In dir hat sich dann ein Glaubenssatz gebildet wie z.B. Ich muss immer lieb sein um auch geliebt zu werden.

Im Alltag sind solche Glaubenssätze sehr hinderlich. Du reagierst wie auf Autopilot in Situationen, die denen deiner Kindheitserfahrung ähnlich sind. Auch wenn du heute Erwachsen bist und ganz andere Ressourcen hast, regierst du gar nicht wo, wie du reagieren möchtest.

Je mehr du diesem Autopilot und diesen einschränkenden Gedanken auf die Schliche kommst, desto besser kannst du diesen Anteil in dir heilen.

Höre mal in dich rein und überlege, welche Botschaften du über dich und dein Leben in dir trägst. Ich habe die Bereiche bewusst unterteilt! Nimm dir bitte Zeit für diese Aufgabe. Negative Glaubenssätze sind nicht immer offensichtlich, da wir sie schon Jahre denken und sie somit beinahe ein Teil von uns sind. Überprüfe deine Gedanken, die du täglich denkst, auf negative Überzeugungen. Du wirst sicher einige finden.

Mein Körper / Körperbild / Aussehen

Beziehungen / Partnerschaft / Freundschaft

Familie / Kinder / Kindererziehung

Hobby / Freizeit / Spaß

Beruf / Erfolg / Geld

Was dürfen/müssen Frauen? Was dürfen/müssen Männer?

Verantwortlich ist man
nicht nur für das, was
man tut, sondern auch
für das, was man nicht
tut.

Glaubst du, was du denkst?

Vermutlich wirst du gerade einen starken negativen Trend feststellen. Das sind deine negativen Glaubenssätze über dich. Und vielleicht hast du ja eine Ahnung, woher diese kommen.

Als allererstes möchte ich dir sagen- diese Gedanken und Glaubenssätze sind keine Realität, sondern es sind nur erlernte Gedanken. Und alles, was wir erlernt haben, können wir auch wieder neu lernen.

Doch es ist sehr wichtig, dass du diese Gedanken erkennst, weil sie deine Realität erschaffen. DU denkst dir DEINE Realität. Diese Tatsache ist neurowissenschaftlich bewiesen.

Solange dir deine Glaubenssätze nicht bewusst sind, bleiben sie Teil deines Unbewussten. Jede Handlung, die du aus diesem Glaubenssatz vollziehst oder unterlässt, geschieht deshalb unbewusst. Um deine Realität zum Positiven zu verändern, müsstest du also deine Handlungen verändern. Um diese Handlungen zu verändern, müssen wir allerdings an die Basis, also an deine Gedanken herankommen und deine negativen Gedanken entkräften.

Wie willst du entspannt und gelassen sein, wenn dein Unbewusstes dir sagt, dass du immer mehr arbeiten musst, um erfolgreich zu sein. Dass du als Frau den Großteil der Hausarbeit machen musst. Dass du noch nicht perfekt bist und und und...

Das alles sind nur Gedanken, aber sie machen dir das Leben schwer, weil du sie glaubst.

Die gute Nachricht ist, dass du deine negativen Gedanken und Glaubenssätze umprogrammieren kannst. Genau das wirst auf den nächsten Seiten lernen und tun.

Glaubenssätze umformulieren

Im nächsten Schritt nimmst du dir deine negativen Glaubenssätze und formulierst sie in positive Glaubenssätze um. Wie würdest du denn viel lieber über dich und die Welt denken? Bei dieser Übung geht es darum, deine Denkweise zu ändern.

Wenn du zum Beispiel aufgeschrieben hast „Ich habe einen hässlichen Körper", kannst du diesen Satz zum Beispiel so umformulieren: „Mein Körper ist ein Wunder. Er leistet großartige Arbeit und trägt mich durchs Leben."

Diese positiven Glaubenssätze kannst du auch als Affirmationen bezeichnen. Eine Affirmation ist ein bejahender, bekräftigender Satz, der ganz viel Wohlwollen für enthält. Formuliere deine Affirmationen unbedingt positiv, in der Gegenwart und in der Ich-Form. Ganz wichtig ist auch, dass deine Affirmationen keinen Widerspruch in dir auslösen.

Manchmal können sich Affirmationen auch unangenehm anfühlen, weil sie vielleicht zu weit von unserer momentanen Wirklichkeit entfernt liegen. Dann ist es besser, erst einmal eine etwas „mildere" Formulierung zu wählen, die keinen Widerspruch in dir erzeugt. Vielleicht fühlt sich „Ich bin schön" für dich heute noch nicht so gut an und weckt vielleicht sogar deinen inneren Zweifler. Dann umschreibe die Affirmation lieber, so zum Beispiel „Ich liebe jede Zelle meines Körpers" oder „Mein Körper ist ein Geschenk".

Und jetzt bist du dran! Nimm deine negativen Glaubenssätze aus der letzten Übung und formuliere sie in eine positive Affirmation um, die sich für dich gut anfühlt. Auf den nächsten Seiten findest du Inspirationen für schöne und kraftvolle Affirmationen, die du gern nutzen kannst.

Eine Bitte von mir:

Sei bitte liebevoll mit dir. Es mag sich komisch anfühlen und neu sein. Am Anfang bist du voller Begeisterung, doch nach und nach schleicht sich wieder dein altes Muster ein und die neuen Gedanken fühlen sich zu unwirklich oder falsch an.

Denken neu zu trainieren ist wie laufen lernen. Es ist ein Training. Und wen einem kleinen Kind würdest du doch auch nicht erwarten, dass es nach den ersten Schritten einen Marathon läuft. Lass dir Zeit. Sei gut zu dir. Wenn es an einem Tag nicht gut funktioniert, sage dir selber:

„Bis gestern habe ich so negativ von mir gedacht. Ab heute bin ich bereit neu von mir zu denken."

Deine Veränderung darf Zeit in Anspruch nehmen. Überlege mal, wie viele Jahre du diese negativen Gedanken von dir hattest.

Negativer Glaubenssatz:

Positive Affirmation:

Negativer Glaubenssatz:

Positive Affirmation:

Negativer Glaubenssatz:

Positive Affirmation:

Negativer Glaubenssatz:

Positive Affirmation:

Negativer Glaubenssatz:

Positive Affirmation:

Negativer Glaubenssatz:

Positive Affirmation:

Loslassen **kann so viel Spaß machen.**

Manchmal dürfen wir uns an den

Kindern **ein Beispiel nehmen**

Inspirationen für Affirmationen

Hier ein paar Inspirationen. Du darfst jede Affirmation gern anpassen, verändern oder eigene erfinden. Viel Spaß dabei!

Affirmationen für mehr Selbstbewusstsein und Vertrauen

- Ich vertraue dem Leben und mir selbst voll und ganz.
- Alles ist gut. Das Leben meint es gut mit mir.
- Alles was passiert, passiert zu meinem Wohle. Ich kann aus allem, was passiert, etwas lernen. Alles hat seinen Sinn.
- Ich bin es wert, geliebt zu werden.
- Ich liebe mich genau so, wie ich bin.
- Ich bin ein Geschenk.
- Ich öffne mich mehr und mehr dem Leben. Ich lade das Vertrauen in mein Leben ein.

Affirmationen für Erfolg

- Mein Leben ist reich und erfüllt.
- Ich erkenne den Wert meiner Arbeit.
- Ich habe die Fähigkeiten, alles zu schaffen, was ich will.
- Ich übe eine Tätigkeit aus, die mich erfüllt und bereichert.
- Ich bin ein wertvoller Teil dieser Gesellschaft.
- Ich habe eine Vision. Ich lebe meine Vision.

Affirmationen für Liebe und Partnerschaft

- Ich bin offen für eine neue Partnerschaft.
- Mein Leben ist erfüllt von Liebe und Harmonie.
- Alles an mir ist liebenswert.
- Ich ziehe Menschen an, die gut für mich sind.
- Ich lasse Nähe zu.

Affirmationen für Gesundheit

- Ich bemerke die Signale meines Körpers und erkenne, was gut für mich ist.
- Jeder Zelle meines Körpers geht es gut.
- Mein Körper ist mein Tempel.
- Ich höre auf meinen Körper und tue ihm Gutes.
- Ich fühle mich wohl in meinem Körper. Mein Körper ist ein Wunder.

Suche nicht nach
Fehlern, suche nach
Lösungen.

Deinen Glaubenssätzen die Macht nehmen

Deine negativen Glaubenssätze begleiten dich wahrscheinlich schon viele Jahre. Sie haben sich eingeprägt und wahrscheinlich nimmst du sie im Alltag schon gar nicht mehr wahr. Diese Übung soll dafür sorgen, dass du deine negativen Glaubenssätze nicht mehr ernstnehmen kannst. Denn was du nicht ernstnehmen kannst, dem schenkst du auch weniger Glauben.

Wähle einen negativen Glaubenssatz in der ich-Form aus, zum Beispiel „Ich bin nicht liebenswert".

1. Spreche den Gedanken 2-3 Mal aus und achte auf deine Gefühle dabei.
2. Schließe die Augen, atme 3 Mal tief und langsam durch die Nase ein und aus. Entspanne Gesicht und Schultern, lass deine Hände ganz entspannt auf den Oberschenkeln ruhen.
3. Wiederhole den Satz und verändere dabei deine Sprechweise:
   - 5 Mal in normalem Tempo
   - 3 Mal durchatmen und entspannen

   - 5 Mal schnell und mit tiefer Stimme
   - 3 Mal durchatmen und entspannen

   - 5 Mal sehr langsam und gedehnt
   - 3 Mal durchatmen und entspannen

   - 5 Mal langsam und sehr tief
   - 3 Mal durchatmen und entspannen

   - 5 Mal sehr schnell und piepsig
   - 3 Mal durchatmen und entspannen

Am Ende sprichst du den Glaubenssatz noch einmal mit normaler, leiser Stimme. Was hat sich verändert? Welche Gefühle kannst du beobachten? Vermutlich kommt dir der Gedanke inzwischen reichlich komisch vor oder?

Schall und Rauch – Negative Glaubenssätze loslassen

Diese Übung soll dich befreien, wenn du dich unzufrieden oder wütend fühlst oder das Gefühl hast, in deinem Kopf türmen sich ein Haufen negativer Gedanken.

Nimm dir einen Zettel und schreibe alle negativen Glaubenssätze auf, die dich belasten und das völlig ungeschönt.

Wenn du meinst zu wissen, woher dieser Glaubenssatz kommt, kannst du das gern auch aufschreiben.

Wenn du alles aufgeschrieben hast, nimm dir ein Feuerzeug und lass all diese Überzeugungen in Schall und Rauch aufgehen. Sieh zu, wie deine negativen Glaubenssätze langsam verbrennen. Du darfst diese Gedanken nun loslassen und spüren, wie sich Frieden in dir ausbreitet.

Wovor hast du Angst?

Veränderung und loslassen fällt oftmals sehr schwer, weil wir oftmals große Angst davor haben. Spüre mal in dich hinein. Wovor hast du Angst?

Es ist okay, Angst zu haben. Jeder Mensch hat Angst. Nur überlege einmal, was dich diese Angst kostet. Wie hoch ist der Preis, den du gerade zahlst, weil du Angst hast?

Hält dich diese Angst davon ab, wirklich du zu sein? Bringt dich diese Angst dazu, Dinge nicht zu tun, von denen du aber weißt, dass sie für dich wichtig sind?

Was genau kostet dich deine Angst?

Aufgrund meiner Angst tue ich folgendes nicht:

Jetzt hast du schon eine ganze Menge erreicht! Du hast die Angst ausgesprochen. Das entzieht ihr die Macht. Es geht nicht darum, von nun an keine Angst mehr zu haben, sondern diese Angst anzunehmen. Vielleicht hast du auch unbewusste Ängste erspürt, von denen dir gar nicht klar war, dass du sie hattest.

Du hast klar und mutig die Verantwortung für dich und dein Leben übernommen.

Welche Entscheidung triffst du nun?

Was kannst du nun tun beziehungsweise auch einfach nicht mehr tun?

In welchen Bereichen entziehst du der Angst die Macht über dich?

Finde deine Werte… Was ist dir wirklich wichtig im Alltag?

In welchen Bereichen wünschst du dir mehr Gelassenheit?

Was könntest du tun, damit sich diese Gelassenheit einstellt?

Jetzt hast du eine Menge aufgeschrieben und für dich festgelegt.

Dies können wir als HEUTIGEN Ausgangspunkt definieren. Wie blickst du auf dein bisheriges Leben? Wie schaust du auf dein bevorstehendes Leben?

Oftmals ist es schwer, sich vorzustellen, WIE du deine Ziele erreichen kannst. Jetzt ist es wichtig, dass du dich nicht nur im Außen orientierst, sondern tatsächlich an deine Ressourcen hältst.

Wenn du auf dein bevorstehendes Leben schaust, welches Zeitfenster hat dieses? Liegt es 5, 10, 15,20 Jahre in der Zukunft?

Um deine Ressourcen besser abrufen zu können, versetze dich doch mal in die Position deines zukünftigen Ichs. Was würde dein Ich+10 Jahre dir heute raten? Nimm dir Zeit für diese Frage. Meine Idee, setze dich hin und schreibe deinem jetzigen Ich einen Brief von deinem Zukunfts-Ich. Welchen Weg du gegangen bist, wo du so stark warst, welcher Schritt der erste war. Das sind alles Kraftquellen, die bereits in dir sind, die du aber oftmals gar nicht wahrnimmst.

"Nein" sagen - Grenzen setzen

Das Thema „Nein sagen“.

Ich bin mir sicher, durch die Veränderungen, die du bisher schon erreicht hast, wird sich auch in deinem Umfeld einiges getan haben. Wahrscheinlich reagieren deine Familie und deine Freunde merkwürdig darauf, dass du die Dinge nicht mehr so tust, wie sie es von dir gewohnt sind.

Es ist normal, dass dein Umfeld mit Widerstand reagiert. Ich rate dir, es zu akzeptieren, ohne den anderen belehren zu wollen. Auf Dauer wird sich dein Umfeld aber genau wie du zum Guten verändern. Das braucht nur etwas Zeit und Geduld. Wenn dein Umfeld merkt, wie gut es dir geht und mit wie viel Selbstliebe und Selbstbewusstsein du durchs Leben gehst, wird sich auch dein Umfeld auf die Veränderung einlassen.

In diesem Prozess ist es wichtig, dass du lernst, Grenzen zu setzen und ein klares „Nein“ zu sprechen.

Fällt es dir schwer, „Nein“ zu sagen? Ja? Das hat einen Grund. Wir Frauen haben in den meisten Fällen nie gelernt, „Nein“ zu sagen. Als Kinder und Jugendliche befanden wir uns in gewisser Weise unter der Kontrolle unserer Eltern. Besonders in der Pubertät wurde ein „Nein“ meist nicht akzeptiert. Vielleicht kennst du den Satz „Solange du deine Füße unter meinen Tisch stellst...“

Im Freundeskreis bedeutete „Nein“ zu sagen in den meisten Fällen, nicht mehr dazuzugehören. Wahrscheinlich wolltest du damals nicht „Nein“ sagen aus Angst, dass die anderen dich dann nicht mehr mögen könnten. Damals fehlte dir das Selbstvertrauen für dich einzustehen und selbstbewusst „Nein“ zu sagen, wenn du etwas nicht wolltest.

Selbst heute als erwachsene Frauen fällt es uns leider schwer, unsere Grenzen abzustecken und ein klares „Nein“ zu sprechen. Jetzt wirst du genau das lernen.

Ich wache
jeden Morgen
mit dem
Glauben auf,
dass heute besser
als gestern sein
wird.

Ein klares „Nein“

In manchen Bereichen deines Lebens fällt es dir sicherlich leichter, „Nein“ zu sagen als in anderen. Diese Übung soll dir dabei helfen, dem auf die Spur zu kommen. Nimm dir Zeit und überlege genau, in welchen Bereichen es für dich besonders schwer ist, ein klares „Nein“ zu sprechen und in welchen es leichter ist. Diese Bereiche können beispielsweise folgende sein: Familie, Ehe, Haushalt, Arbeit, Freundeskreis, Ehrenamt, Verein, Schulaktivitäten, ...

In welchen Bereichen meines Lebens fällt es mir schwer, ein klares „Nein“ zu sagen?

In welchen Bereichen meines Lebens fällt es mir schon leicht, ein klares „Nein“ zu sagen?

Sag mehr “JA“ zu dir

Vermutlich bist du gerade ziemlich ratlos, wie du es schaffen sollst, mehr „Nein“ zu sagen. Ich war früher genau wie du eine notorische Ja-Sagerin. Sagst du auch zu allem und jedem „Ja“ und bist dann total erschöpft und ärgerst dich darüber?

Hinter unserem gewohnten „Ja“ steckt häufig Angst. Die Angst, nicht gemocht zu werden. Wir identifizieren unseren Wert meist über die Anerkennung anderer. Unser Gedanke ist: Wenn ich „Ja“ sage, bekomme ich Anerkennung und werde gemocht. Unser Selbstwert steigt dadurch jedoch meistens trotzdem nicht. Stattdessen steigt unsere Unzufriedenheit.

Vielleicht ändert folgender Satz deine Perspektive:

Wer eine Frage stellt, kann mit der Antwort leben.

Egal ob Kind oder Erwachsener, wer fragt, hält auch ein „Nein“ aus. Indem du ständig „Ja“ sagst, entmündigst du dein Gegenüber. Du sprichst ihm oder ihr damit die Fähigkeit ab, mit einem „Nein“ leben zu können. Und die Fähigkeit, zu lernen, es selbst zu tun.

Es nützt dir und den anderen nichts, wenn du „Ja“ sagst, aber dann unzufrieden bist und meckerst. Das heißt nicht, dass du nun zu allem „Nein“ sagen musst. Du solltest aber damit beginnen, nur dann „Ja“ zu sagen, wenn du es wirklich willst und ein ganz starkes „Warum“ dahintersteht. Denn in dem Moment, in dem du „Ja“ sagst, obwohl du es eigentlich nicht willst, sagst du „Nein“ zu dir selbst.

Und wenn du „Nein“ sagst, dann bleib bei deinem „Nein“ und beginn bitte nicht, dich zu rechtfertigen oder einen Rückzieher zu machen.

„Nein“ ist ein vollständiger Satz.

Es braucht keine weiteren Erklärungen, Rechtfertigungen oder sonstiges.

Sag mehr „Nein“, wenn du etwas nicht tun möchtest oder kannst!

Sag mehr „Ja“ zu dir selbst!

Dafür brauchst du Klarheit und die bekommst du auf den nächsten Seiten.

Nimm dir die Medaille und kopiere sie. Sie hilft dir dabei, dich zu erinnern, wozu du Ja sagst und wozu Nein!

Wovon möchtest du mehr? Wovon weniger?

Das Ziel dieser Übung ist es, dir darüber bewusst zu werden, was du eigentlich nicht mehr tun möchtest. Diese Dinge, zu denen du in Zukunft „Nein“ sagen darfst und möchtest, schreibst du in die linke Spalte.

In die rechte Spalte schreibst du die Dinge, zu denen du gern mehr „Ja“ sagen möchtest und welches starke „Warum“ jeweils dahintersteht. Bitte schreib hier nur die Dinge auf, die dir wirklich Spaß machen und die du von ganzem Herzen tun möchtest!

Wo darf ich mehr „Nein“ sagen?	**Wo möchte ich mehr „Ja“ sagen?** (Welches „Warum“ steht hinter diesem „Ja“?)

Ein paar Gedanken aus dem Buch von Matt Haig-
The Comfort Book (Haik, 2021)

Nein.

Nein, ich möchte das nicht.

Nein, ich möchte diesen Artikel nicht mehr für lau schreiben.

Nein, ich werde am Dienstag nicht dabei sein.

Nein, ich möchte nichts mehr trinken.

Nein, ich stimme dir hier nicht zu.

Nein, ich kann mich nicht immer zusammenreißen

Nein, ich war nicht unhöflich, als ich dir nicht auf die Nachricht geantwortet habe, die ich nie bekommen habe.

Nein, ich möchte lieber nicht mit dir zusammenarbeiten.

Nein, ich werde das Niveau nicht senken.

Nein, ich kann keine Termine für Juli ausmachen.

Nein, ich möchte deinen Werbeprospekt nicht haben.

Nein, ich möchte nicht mehr weiter zuschauen.

Nein, ich nett bin, ist keine Schwäche.

Nein, das sind nicht die nächsten Beatles.

Nein, ich lasse mir diesen Mist nicht gefallen.

Nein, dass ich ein Mann bin, heißt nicht, dass ich nicht weinen darf.

Nein, ich möchte nichts von dir kaufen.

Nein, ich schäme mich nicht dafür, Zeit für mich selbst einzuplanen.

Nein, ich komme nicht zu eurem Klassentreffen, wo ihr doch in der Schule nie mit mir gesprochen habt.

Nein ich werde mich nicht länger dafür entschuldigen, so zu sein, wie ich bin.

NEIN.

Nein ist ein gutes Wort. Es hält dich gesund. In der heutigen Zeit sind wir oft überlastet- ein Nein ist somit ein Ja. Es ist Ja zu dem Raum, den du zum Leben brauchst.

Perfektionismus

Perfektionismus

„Es geht darum, wie ihr dieses eine kostbare Leben, dass euch gegeben wurde, verbringen werdet. Ob ihr es damit verbringen werdet, den äußeren Schein zu wahren und die Illusion zu erzeugen, dass ihr die Verhältnisse beeinflussen könnt, oder ob ihr es erleben und genießen werdet und herausfindet, er ihr in Wirklichkeit seid.“

Anne Lamott

Wir haben alle ein großes Bedürfnis nach Anerkennung. Der Grund dafür ist, dass wir Herdentiere sind und ohne den Anschluss an die Gemeinschaft nicht existieren können. Die Anerkennung ist sozusagen die unsere Garantie, dass wir dazugehören.

Genauso wie unser Antreiber zum Perfektionismus.

Die meisten Frauen geben sich nicht mehr mit einem „Gut genug“ zufrieden. Sie wollen, dass ALLES perfekt ist und sie wollen alles perfekt machen, aber vor allem stellen sie an sich selbst den Anspruch, perfekt sein zu müssen.

Wir tun und schuften, nur um am Ende des Tages zu merken, was noch alles gemacht werden müsste und was noch nicht perfekt ist und das noch so viel nicht geschafft wurde.

Na, hast du dich wiedererkannt?

Hast du auch manchmal das Gefühl, nie fertig zu werden? Hast du jemals den Moment erreicht, an dem du mit dir, deinem Leben, deiner Arbeit usw. im Reinen warst? Wie denn auch, wenn es immer noch etwas gibt, das perfekter sein oder besser laufen könnte?

Dein Perfektionismus macht dir in vielen Bereichen dein Leben schwerer als es sein müsste. Er macht dich unzufrieden und lenkt deinen Blick auf die vermeintlich negativen Dinge. Vor allem aber, lässt er dich an deinem Wert zweifeln.

Mensch sein

Dein Wert bist du. Dein Wert besteht darin, dass du da bist. Dein Wert ist genau hier. Deinen Wert kannst du dir nicht verdienen. Deinen Wert kannst du dir nicht kaufen. Deinen Wert kannst du weder durch Status noch durch Beliebtheit oder Situps oder eine richtig edle Kücheneinrichtung erlangen. Dein Wert ist dein Dasein. Du wurdest mit diesem Wert geboren, genau wie jedes andere Baby auch, und dieser Wert verschwindet nicht einfach, wenn du älter wirst. Du beinst ein Mensch.

Du bist.

Wenn du wüsstest, du hättest nur noch kurze Zeit zu leben, was würdest du in dieser verbleibenden Zeit tun?

Wäre dir dann ein geputztes Haus wichtig? Wäre dir eine perfekte Familie wichtig? Wie wichtig wäre es dir, noch zwei Kilo abzunehmen?

Die schockierende Nachricht ist: Du wirst sterben.

Es ist Zeit, dass du endlich anfängst zu leben. Deine Zeit hier auf Erden ist begrenzt. Ich weiß, das ist hart, aber es ist wichtig, dir das einmal bewusst zu machen. Denn wenn du dir darüber bewusst bist, dass du nicht ewig leben wirst, kannst du deinen Fokus auf die Dinge lenken, die dir wirklich wichtig sind.

Welche das sind, finden wir gemeinsam in der nächsten Übung heraus.

Mama mach mal langsam

Mach langsamer Mama,

warum hetzt du so?

Wozu die ganze Aufregung?

Genieße eine Tasse Tee,

verbringe etwas Zeit mit mir,

lass uns raus spazieren gehen.

Lass und Blätter rumwerfen, grinsen und reden.

Mach mal langsamer Mama,

du siehst oft müde aus.

Komm setzt dich und lass uns unter der Bettdecke kuscheln

Und ruhe dich ein wenig mit mir aus.

Das schmutzige Geschirr kann warten,

lass uns Spaß haben,

lass uns einen Kuchen backen.

Mach langsamer Mama,

ich weiß, du arbeitest viel,

aber manchmal Mama, ist es schön,

wenn du einfach mal anhältst.

Setzt dich eine Weile zu mir und sprich über den Tag.

Verbringe diese kleinen wertvollen Momente mit mir,

denn meine Kindheit ist nur von kurzer Dauer!

Autor- Unbekannt

Was ist dir wirklich wichtig?

Perfektionismus ist wie ein Hamsterrad. Er findet einfach kein Ende. Es wird nie einen Punkt geben, an dem du innehalten kannst, weil endlich alles vermeintlich perfekt ist. Konzentrier dich auf die Dinge, die dir im Leben wirklich wichtig sind, um diesem Hamsterrad zu entkommen. Nimm dir Zeit und überlege einmal, wie du dein Leben gestalten würdest, wenn du wüsstest, du hättest nur noch ein Jahr zu leben? Die folgenden Fragen sollen dir dabei helfen.

Auf welche Dinge würde ich mich fokussieren?

Wovon würde ich mehr tun?

Wovon würde ich weniger tun?

Wie viel Zeit würde ich mir pro Tag nur für mich nehmen?

Wofür wäre ich dankbar?

Welche Träume würde ich mir noch verwirklichen?

Mit welchen Menschen würde ich mehr Zeit verbringen?

Mit welchen Menschen würde ich weniger Zeit verbringen?

Welchem Hobby würde ich mich widmen?

Welchen Menschen würde ich öfter zeigen, dass ich sie liebe?

Mit wem würde ich mich versöhnen oder wem würde ich verzeihen wollen?

Was würde ich noch tun wollen?

Alle Träume können
wahr werden, wenn wir
den Mut haben, ihnen zu
folgen.
-WALT DISNEY

Vielleicht findest du jetzt viele gute Gründe, warum du diese Dinge, die du gerade aufgeschrieben hast, nicht tun kannst.

Setze dich mit diesen Gründen auseinander. Sind sie wirklich Real oder sind sie nur in deinem Kopf?

In meiner Vision sitze ich viel mehr am Meer. Ich werde morgens wach und höre die Wellenrauschen. Mein Haus ist hell und im schwedischen Stil eingerichtet. Es ist nicht mein Hauptwohnsitzt. Sondern mein Kraftort und Ruheort. Ein wunderbarer Wechsel aus am Meer sitzen und arbeiten.

Jetzt habe ich aber schulpflichtige Kinder. Die sind tatsächlich hier eingebunden und haben hier ihre Wurzeln. Es hat ja auch Grund, warum wir uns für unseren Wohnort entschieden haben.

Das bedeutet, für mich, ja ich habe den Wunsch mehr am Meer zu sitzen. Doch der Wunsch bei meinen Kindern zu sein, ein Familienleben zu führen und ihnen ihre Wurzeln hier zu geben ist stärker.

So priorisiere ich. Doch das Wissen um meine Wünsche führt dazu, dass ich mir Möglichkeiten schaffe, Zeit am Meer zu verbringen und meine Kraftreserven aufzufüllen.

Deine Löffelliste

Hast du schon einmal eine Löffelliste geschrieben? Bekannt wurde die Löffelliste (engl. Bucket List) durch den Film „Das Beste kommt zum Schluss“. Eine Löffelliste ist eine Liste mit Dingen, die du unbedingt tun oder erleben willst, bevor du den Löffel abgibst.

Schreib dir bitte im Folgenden all diese Dinge auf. Das können Städte sein, die du sehen willst, Träume, die du dir verwirklichen willst oder was dir sonst noch in den Sinn kommt. Schreib dir alles auf und versprich dir selbst, dass es nicht beim Aufschreiben bleibt, sondern dass du die Dinge nach und nach tun wirst.

Du musst nicht allen gefallen

Wenn du den Fokus veränderst und dich auf die wichtigen Dinge konzentrierst, wird es dir mit der Zeit leichter fallen, den Perfektionismus zu verabschieden. Mit der Zeit wirst du nicht mehr das Gefühl haben, allen gefallen zu müssen und es wird dir unwichtig werden, was andere über dich denken.

Es wird immer Menschen geben, die dich nicht mögen und andersherum wird es immer Menschen geben, die du nicht magst. Das ist in Ordnung! In dem Moment, in dem du das akzeptieren kannst, nimmst du sehr viel Druck von dir.

Wenn du allen gefallen willst, wirst du dich immer wieder verstellen müssen. Du wirst eine Fassade errichten müssen. Du wirst Dinge tun müssen, die du überhaupt nicht tun willst.

Ist es das, was du willst?

Kannst du es überhaupt riskieren, nicht du zu sein?

Kannst du es riskieren, dieses Leben mit einer Maske zu verbringen, nur um anderen zu gefallen?

Du lebst dieses Leben nicht für andere, sondern nur für dich. Du kannst aufhören, danach zu streben, die Beste zu sein und alles perfekt zu machen. Du kannst aufhören, dich und dein Leben mit anderen zu vergleichen. Du bist einzigartig. Warum solltest du etwas Einzigartiges mit etwas anderem vergleichen? Ist das nicht völlig absurd?

Du bist doch schon lange perfekt!

Wenn du das akzeptieren kannst, wird eine Last von deinen Schultern fallen.

Zwischen dir selbst und deiner Zufriedenheit stehen nur deine kritischen Gedanken. Diese nagende Stimme in deinem Kopf, die dir sagt, dass du nicht gut genug bist. Dass du noch mehr leisten musst. Dass du zu dick bist und so weiter.

Um das abzustellen, schauen wir uns in der nächsten Übung an, wie du überhaupt mit dir selbst sprichst.

Dein Dialog mit dir selbst

Im Dialog mit Menschen, die wir gernhaben, sind wir meist sehr verständnisvoll und freundlich. Mit uns selbst dagegen sind wir meist nicht so nett.

Leg den Fokus ganz bewusst auf den Dialog, den du täglich mit dir selbst führst.

1. BEOBACHTE zuerst einmal, wie du mit dir selbst sprichst und wie du über dich selbst urteilst.

2. SCHREIB dir im Laufe der Woche negative Sätze auf, die dir im Dialog mit dir selbst besonders aufgefallen sind.
   Diese könnten zum Beispiel beginnen mit:

   - Wieso habe ich nicht...?
   - Warum bin ich so...?
   - Hätte ich doch lieber...
   - Ich muss mehr/weniger...
   - ...

3. SPRICH mit dir, wie du mit deiner besten Freundin sprechen würdest oder wie ein wohlgesonnener Dritter mit dir sprechen würde. Sei verständnisvoll, freundlich und geduldig mit dir selbst und sprich auch so mit dir.
4. Wenn dir das sehr schwerfällt, überlege, was würde mir denn leichtfallen? Wäre es eine Option für dich mit dir selber in der 3. Person zu sprechen? Vielleicht hilft es dir auch, in dir das kleine Kind zu sehen, was um Anerkennung und Zuneigung bettelt. Wie würdest du mit diesem Kind sprechen?

Let's talk about selfcare

Der Schlüssel zu deinem Glück bist du!

Alles was zählt ist deine Intuition. Der intuitive Geist ist ein heiliges Geschenk und der rationale Verstand ein treuer Diener. Wir haben eine Gesellschaft erschaffen, die den Diener ehrt und das Geschenk vergessen hat. -Albert Einstein.

Das Ziel ist es, dass du lernst, dich in dir und deinem Körper wohlzufühlen. Du darfst dir und deinen Fähigkeiten wieder vertrauen. Dass du dir deiner Selbst bewusst wirst.

In meinen Augen ist nichts sexier, als ein selbstbewusster Mensch. Wenn wir in uns Ruhen und eine positive Energie ausstrahlen.

Selbstliebende und Selbstbewusste Menschen reden nicht negativ über andere. Ihr Ego ist so entspannt, dass es das gar nicht nötig hat, jemand andern schlecht zu machen.

Vielleicht bist du schon gut darin, dir zu vertrauen und auf deine Stärken zu setzen. Doch für viele Frauen ist das sehr schwer.

Wir wurden anders erzogen und haben auch viele negative Erfahrungen gemacht. Das gehört genauso zu unserem Leben wie Regen und Sonnenschein.

Jetzt ist es an der Zeit, den Fokus nicht nur zu ändern, sondern auch diese tiefe Selbstliebe zu fühlen. Dadurch verändert sich dein Bewusstsein. Dein Selbstbewusstsein.

Das Fühlen der Selbstliebe

In so vielen Kundengesprächen kommt die Frage:

„Wie soll ich das fühlen? Mein Kopf weiß, dass ich der Schlüssel bin. Aber ich fühle es nicht."

Vielleicht geht es dir ähnlich. Du hast im Laufe der Jahre dein Herz dir gegenüber verschlossen. Du glaubst den Stimmen von außen, die dir erzählt haben, du wärst nicht okay oder genug. Das hat dich so verletzt, dass du dein Herz einfach verschlossen hast.

Es ist das „normalste" von der Welt, sich selber zu lieben und toll zu finden. Ganz ehrlich.

Überlege doch einmal, wie es dir geht, wenn du nette Worte hörst. Wie gehst du mit Komplimenten um? Mit Anerkennung? Ist es für dich unangenehm? Gibst du direkt ein Kompliment direkt wieder zurück?

Stell dir einmal vor, dieses Kompliment besteht nicht aus Worten, sondern aus Blumen. Würdest du diese Blumen annehmen? Oder würdest du sie direkt zurückgeben? Gibst du den Blumen Wasser und achtest gut auf zu, damit du dich lange daran erfreuen kannst?

Bestimmt oder? Genauso möchte ich, dass du mit Komplimenten von außen umgehst. Vielleicht übst du dich daran, einfach nur „DANKE" zu sagen. Ohne direkt etwas zu erwidern oder kleinzureden.

Das ist eine sehr mächtige und wichtige Übung. Sie bringt dich aus gewohntem Verhalten.

Das Problem mit der Liebe ist halt, wenn ich mir sie nicht selber geben kann, wie soll das dann jemand anderes tun?

Es ist DEINE Aufgabe, dich zu lieben!

Jetzt bist du an der Reihe

Wie oft sagst du dir, dass du wundervoll bist?

Wie oft siehst du dich im Spiegel an und lächelst dich an?

Das ist gesellschaftlich nicht unbedingt die Norm. Dass wir uns selber anlächeln und uns unsere Fehler verzeihen.

Jeder von uns hat Seiten, die sie mehr mag, als andere. Doch erst wenn wir mit uns im Reinen sind, uns so akzeptieren, wie wir sind, können die Zweifel gehen bzw. haben sie weniger Macht über uns.

Doch nur durch das Lesen verändert sich hier nichts. Jetzt geht es für dich ans Tun. Egal, wie schwer das für dich sein kann. Egal, wie ungewohnt das ist. Ich habe dir ein paar Aufgaben aufgeschrieben, wie du wieder zur Liebe deines Lebens wirst.

Was kannst du tun, um dich wohl in deiner Haut zu fühlen?

Was kannst du tun, damit Selbstliebe für dich nicht nur ein Wort ist?

Was kannst du tun, um die Beziehung von dir zu dir selbst zu verbessern?

Spiegelarbeit

Die Spiegelarbeit ist eine wundervolle Methode, um in die absolute Selbstliebe zu kommen und damit zufriedener und ausgeglichener durchs Leben zu gehen. Im Folgenden findest du Anleitungen für verschiedenen Übungen der Spiegelarbeit. Fang mit der ersten an. Wenn dir die erste Übung leicht fällt, kannst du mit der zweiten Übung beginnen. Wenn du dich bereit fühlst, fahre mit der dritten Übung fort. Nimm dir wirklich Zeit und führe die Übungen ganz bewusst aus.

Übung 1

- Setz oder stell dich vor einen Spiegel.
- Schau dir in die Augen.
- Atme tief durch und sage folgendes:
  Ich möchte wirklich lernen, dich zu lieben. Lass uns zusammen schöne Dinge erleben.
- Atme tief durch und sage erneut:
  Ich lerne jetzt, dich wirklich zu mögen. Ich lerne jetzt, dich wirklich zu lieben.

Ich weiß, das ist gar nicht so leicht. Deshalb ist es umso wichtiger, dass du diese Übung so oft wie möglich wiederholst. Es mag sein, dass du dir albern oder dumm vorkommst. Damit bist du nicht alleine, aber mit der Zeit wirst du feststellen, dass es einfacher wird.

Wenn du Spiegelarbeit praktizierst, jedoch ein Teil von dir glaubt, dieses Gute nicht zu verdienen, wirst du die Worte nicht glauben, die du vor dem Spiegel sprichst. Du wirst dann an einen Punkt gelangen, an dem du denkst: Spiegelarbeit funktioniert nicht.

Das Problem besteht jedoch vielmehr darin, dass du nicht glaubst, all das Gute zu verdienen, das das Leben für dich bereithält.

Und genau das werden wir ändern!

Übung 2

In dieser Übung gehen wir eine Stufe weiter.

Ich möchte, dass du dich wieder vor den Spiegel stellst oder dir einen Taschenspiegel nimmst.

Sieh dir in die Augen.

Dann sage dir:

(Dein Name), ich liebe dich. Ich liebe dich wirklich. Ich liebe dich. Ich liebe dich wirklich.

Na, wie fühlt sich das an? Sei ruhig ehrlich. Am Anfang fühlt sich das tatsächlich komisch an. Vielleicht fällt es dir sogar schwer, diese Übung auszuführen. Ich weiß, dass es vielen Menschen und besonders Frauen schwerfällt, sich selbst zu sagen „Ich liebe dich“. Wenn es dir zu schwerfällt, dir zu sagen „Ich liebe dich“, dann beginn mit etwas Leichterem.

Dann sage dir:

Ich bin bereit, dich, (dein Name), lieben zu lernen. Ich lerne jetzt, dich zu lieben.

Je öfter du die Spiegelübung praktizierst, desto einfacher wird sie. Denke aber bitte daran, dass dieser Prozess Zeit braucht.

Übe morgens gleich nach dem Aufstehen und sage dir diese Affirmationen auch jedes Mal, wenn du dich in einem Spiegel siehst.

Übung 3

Am besten kannst du dir Liebe schenken, indem du dich von allen negativen Botschaften aus der Vergangenheit löst und im gegenwärtigen Augenblick lebst.

Allzu oft übernehmen wir die Botschaften der Eltern, unserer Lehrer und anderen Autoritäten.

Du hast, aus dem Wunsch, geliebt zu werden, getan, was man vor dir verlangt hat. Aus diesem Grund wirst du verinnerlicht haben, dass Liebe an Bedingungen geknüpft sind.

Heute ist es aber wichtig, dass diese Bedingungen nichts mit dir zu tun haben. Solange du die Verantwortung für deine Gefühle und dein Verhalten nicht selber übernimmst, wirst du nicht frei sein. Du bist bereit, die Verantwortung für dich und deine Gefühle zu übernehmen, sonst wärst du doch gar nicht hier und würdest an deiner Selbstliebe arbeiten.

In dieser Übung gehen wir noch einen Schritt weiter.

- Stell dich wieder vor den Spiegel.
- Sieh dir in die Augen.
- Beginne, einen liebevollen Dialog mit dir selbst zu führen. Beginne deinen Dialog mit:
  (Dein Name), ich liebe dich. Ich liebe dich wirklich.
  Alles was ich zu dir sage, sage ich mit Liebe.
- Dann führe den Dialog fort. Du kannst dir zum Beispiel sagen:
  Du bist klug. Du bist viel intelligenter als du denkst. Du bist ein wunderbarer Mensch. Du bist liebenswert...
- Sag dir nun all die tollen Dinge und Komplimente, die du gern hören würdest.
- Wiederhole diese Übung am besten jeden Morgen nach dem Aufstehen und dann, wenn es dir schlecht geht.

Du bist
mutiger als du meinst,
stärker als du scheinst,
klüger als du denkst.
-Winnie Puuh

Bitte vergiss nie:

Du bist

mutiger als du meinst,

stärker als du scheinst,

klüger als du denkst.

-Winnie Puh-

Das möchte ich dir jetzt noch mit auf dem Weg geben. Du bist so eine wundervolle Frau. Glaub an dich. Auch wenn es Tage gibt, an denen es einfach nicht gut läuft. Die gehören dazu. Doch wenn wir ihnen den Schrecken nehmen, in dem wir sie anerkennen, ziehen sie uns nicht mehr so tief runter.

Auch wenn es Tage gibt, an denen es nicht klappt. Schau dir bitte an, welchen Weg du bereits gegangen bist. Schau an, was du täglich rockst. Oftmals höre ich, dass meine Kundinnen Angst haben, wieder zurückzufallen. Doch das ist gar nicht möglich, weil du so viel gelernt hast. Du kannst doch gar nicht wieder zurückfallen. Du kannst dich entscheiden, ob du weiter gehen möchtest oder nicht.

Und diese Entscheidung triffst du jeden Tag.

Denn dein Wohlbefinden ist IMMER Deine bewusste Entscheidung.

Literaturverzeichnis

Haik, M. (2021). Nein. In M. Haik, *The Comfort Book* (S. 64). München: Droemer Verlag.

Dein Journal

Mein *Journal* vom:

Heute bin ich dankbar für:

Das tue ich heute für mich:

Meine Ziele für heute:

Heute bin ich dankbar für:

Meine Gedanken:

Mein *Journal* vom:

Heute bin ich dankbar für: ____________________

Das tue ich heute für mich: ____________________

Meine Ziele für heute: ____________________

Heute bin ich dankbar für: ____________________

Meine Gedanken: ____________________

Mein *Journal* vom:

Heute bin ich dankbar für:

Das tue ich heute für mich:

Meine Ziele für heute:

Heute bin ich dankbar für:

Meine Gedanken:

Mein *Journal* vom:

Heute bin ich dankbar für:

Das tue ich heute für mich:

Meine Ziele für heute:

Heute bin ich dankbar für:

Meine Gedanken:

Mein *Journal* vom:

Heute bin ich dankbar für: ______

Das tue ich heute für mich: ______

Meine Ziele für heute: ______

Heute bin ich dankbar für: ______

Meine Gedanken: ______

Mein *Journal* vom:

Heute bin ich dankbar für: ______________________________

Das tue ich heute für mich: ______________________________

Meine Ziele für heute: ______________________________

Heute bin ich dankbar für: ______________________________

Meine Gedanken: ______________________________

Mein *Journal* vom:

Heute bin ich dankbar für:

Das tue ich heute für mich:

Meine Ziele für heute:

Heute bin ich dankbar für:

Meine Gedanken:

Mein Wochenrückblick

Was möchte ich mir für die nächste Woche noch sagen?

Welche Herausforderungen hatte ich?

Was habe ich daraus gelernt?

Was möchte ich für die nächste Woche verändern/verbessern?

Mein Journal vom:

Heute bin ich dankbar für:

Das tue ich heute für mich:

Meine Ziele für heute:

Heute bin ich dankbar für:

Meine Gedanken:

Mein *Journal* vom:

Heute bin ich dankbar für:

Das tue ich heute für mich:

Meine Ziele für heute:

Heute bin ich dankbar für:

Meine Gedanken:

Mein *Journal* vom:

Heute bin ich dankbar für:

Das tue ich heute für mich:

Meine Ziele für heute:

Heute bin ich dankbar für:

Meine Gedanken:

Mein Journal vom:

Heute bin ich dankbar für: ___

Das tue ich heute für mich: ___

Meine Ziele für heute: ___

Heute bin ich dankbar für: ___

Meine Gedanken: ___

Mein *Journal* vom:

Heute bin ich dankbar für:

Das tue ich heute für mich:

Meine Ziele für heute:

Heute bin ich dankbar für:

Meine Gedanken:

Mein *Journal* vom:

Heute bin ich dankbar für: ______

Das tue ich heute für mich: ______

Meine Ziele für heute: ______

Heute bin ich dankbar für: ______

Meine Gedanken: ______

Mein *Journal* vom:

Heute bin ich dankbar für:

Das tue ich heute für mich:

Meine Ziele für heute:

Heute bin ich dankbar für:

Meine Gedanken:

Mein Wochenrückblick

Was möchte ich mir für die nächste Woche noch sagen?

Welche Herausforderungen hatte ich?

Was habe ich daraus gelernt?

Was möchte ich für die nächste Woche verändern/verbessern?

Mein *Journal* vom:

Heute bin ich dankbar für:

Das tue ich heute für mich:

Meine Ziele für heute:

Heute bin ich dankbar für:

Meine Gedanken:

Mein *Journal* vom:

Heute bin ich dankbar für:

Das tue ich heute für mich:

Meine Ziele für heute:

Heute bin ich dankbar für:

Meine Gedanken:

Mein *Journal* vom:

Heute bin ich dankbar für:

Das tue ich heute für mich:

Meine Ziele für heute:

Heute bin ich dankbar für:

Meine Gedanken:

Mein *Journal* vom:

Heute bin ich dankbar für:

Das tue ich heute für mich:

Meine Ziele für heute:

Heute bin ich dankbar für:

Meine Gedanken:

Mein *Journal* vom:

Heute bin ich dankbar für:

Das tue ich heute für mich:

Meine Ziele für heute:

Heute bin ich dankbar für:

Meine Gedanken:

Mein *Journal* vom:

Heute bin ich dankbar für: ______________________________

Das tue ich heute für mich: ______________________________

Meine Ziele für heute: ______________________________

Heute bin ich dankbar für: ______________________________

Meine Gedanken: ______________________________

Mein *Journal* vom:

Heute bin ich dankbar für:

Das tue ich heute für mich:

Meine Ziele für heute:

Heute bin ich dankbar für:

Meine Gedanken:

Mein Wochenrückblick

Was möchte ich mir für die nächste Woche noch sagen?

Welche Herausforderungen hatte ich?

Was habe ich daraus gelernt?

Was möchte ich für die nächste Woche verändern/verbessern?

Mein *Journal* vom:

Heute bin ich dankbar für: ____________________

____

____

____

Das tue ich heute für mich: ____________________

____

____

____

Meine Ziele für heute: ____________________

____

____

____

Heute bin ich dankbar für: ____________________

____

____

____

Meine Gedanken: ____________________

____

____

____

____

____

____

____

Mein *Journal* vom:

Heute bin ich dankbar für:

Das tue ich heute für mich:

Meine Ziele für heute:

Heute bin ich dankbar für:

Meine Gedanken:

Mein *Journal* vom:

Heute bin ich dankbar für:

Das tue ich heute für mich:

Meine Ziele für heute:

Heute bin ich dankbar für:

Meine Gedanken:

Mein *Journal* vom:

Heute bin ich dankbar für:

Das tue ich heute für mich:

Meine Ziele für heute:

Heute bin ich dankbar für:

Meine Gedanken:

Mein *Journal* vom:

Heute bin ich dankbar für:

Das tue ich heute für mich:

Meine Ziele für heute:

Heute bin ich dankbar für:

Meine Gedanken:

Mein *Journal* vom:

Heute bin ich dankbar für:

Das tue ich heute für mich:

Meine Ziele für heute:

Heute bin ich dankbar für:

Meine Gedanken:

Mein *Journal* vom:

Heute bin ich dankbar für:

Das tue ich heute für mich:

Meine Ziele für heute:

Heute bin ich dankbar für:

Meine Gedanken:

Mein Wochenrückblick

Was möchte ich mir für die nächste Woche noch sagen?

Welche Herausforderungen hatte ich?

Was habe ich daraus gelernt?

Was möchte ich für die nächste Woche verändern/verbessern?

Mein *Journal* vom:

Heute bin ich dankbar für:

Das tue ich heute für mich:

Meine Ziele für heute:

Heute bin ich dankbar für:

Meine Gedanken:

Mein *Journal* vom:

Heute bin ich dankbar für: ______

Das tue ich heute für mich: ______

Meine Ziele für heute: ______

Heute bin ich dankbar für: ______

Meine Gedanken: ______

Mein *Journal* vom:

Heute bin ich dankbar für:

Das tue ich heute für mich:

Meine Ziele für heute:

Heute bin ich dankbar für:

Meine Gedanken:

Mein *Journal* vom:

Heute bin ich dankbar für: ______

Das tue ich heute für mich: ______

Meine Ziele für heute: ______

Heute bin ich dankbar für: ______

Meine Gedanken: ______

Mein *Journal* vom:

Heute bin ich dankbar für:

Das tue ich heute für mich:

Meine Ziele für heute:

Heute bin ich dankbar für:

Meine Gedanken:

Mein *Journal* vom:

Heute bin ich dankbar für:

Das tue ich heute für mich:

Meine Ziele für heute:

Heute bin ich dankbar für:

Meine Gedanken:

Mein *Journal* vom:

Heute bin ich dankbar für:

Das tue ich heute für mich:

Meine Ziele für heute:

Heute bin ich dankbar für:

Meine Gedanken:

Mein Wochenrückblick

Was möchte ich mir für die nächste Woche noch sagen?

Welche Herausforderungen hatte ich?

Was habe ich daraus gelernt?

Was möchte ich für die nächste Woche verändern/verbessern?

Mein *Journal* vom:

Heute bin ich dankbar für:

Das tue ich heute für mich:

Meine Ziele für heute:

Heute bin ich dankbar für:

Meine Gedanken:

Mein *Journal* vom:

Heute bin ich dankbar für:

Das tue ich heute für mich:

Meine Ziele für heute:

Heute bin ich dankbar für:

Meine Gedanken:

Mein *Journal* vom:

Heute bin ich dankbar für:

Das tue ich heute für mich:

Meine Ziele für heute:

Heute bin ich dankbar für:

Meine Gedanken:

Mein *Journal* vom:

Heute bin ich dankbar für:

Das tue ich heute für mich:

Meine Ziele für heute:

Heute bin ich dankbar für:

Meine Gedanken:

Mein *Journal* vom:

Heute bin ich dankbar für:

Das tue ich heute für mich:

Meine Ziele für heute:

Heute bin ich dankbar für:

Meine Gedanken:

Mein Journal vom:

Heute bin ich dankbar für:

Das tue ich heute für mich:

Meine Ziele für heute:

Heute bin ich dankbar für:

Meine Gedanken:

Mein *Journal* vom:

Heute bin ich dankbar für:

Das tue ich heute für mich:

Meine Ziele für heute:

Heute bin ich dankbar für:

Meine Gedanken:

Mein Wochenrückblick

Was möchte ich mir für die nächste Woche noch sagen?

Welche Herausforderungen hatte ich?

Was habe ich daraus gelernt?

Was möchte ich für die nächste Woche verändern/verbessern?

Mein *Journal* vom:

Heute bin ich dankbar für: ______

Das tue ich heute für mich: ______

Meine Ziele für heute: ______

Heute bin ich dankbar für: ______

Meine Gedanken: ______

Mein *Journal* vom:

Heute bin ich dankbar für: ______________________________

Das tue ich heute für mich: ______________________________

Meine Ziele für heute: ______________________________

Heute bin ich dankbar für: ______________________________

Meine Gedanken: ______________________________

Mein *Journal* vom:

Heute bin ich dankbar für:

Das tue ich heute für mich:

Meine Ziele für heute:

Heute bin ich dankbar für:

Meine Gedanken:

Mein *Journal* vom:

Heute bin ich dankbar für:

Das tue ich heute für mich:

Meine Ziele für heute:

Heute bin ich dankbar für:

Meine Gedanken:

Mein *Journal* vom:

Heute bin ich dankbar für:

Das tue ich heute für mich:

Meine Ziele für heute:

Heute bin ich dankbar für:

Meine Gedanken:

Mein *Journal* vom:

Heute bin ich dankbar für:

Das tue ich heute für mich:

Meine Ziele für heute:

Heute bin ich dankbar für:

Meine Gedanken:

Mein *Journal* vom:

Heute bin ich dankbar für:

Das tue ich heute für mich:

Meine Ziele für heute:

Heute bin ich dankbar für:

Meine Gedanken:

Mein Wochenrückblick

Was möchte ich mir für die nächste Woche noch sagen?

Welche Herausforderungen hatte ich?

Was habe ich daraus gelernt?

Was möchte ich für die nächste Woche verändern/verbessern?

SCHLUSS MIT DEM *Diätwahnsinn*

Ellen Lutum

Jedes Pfund hat seinen Grund
Befreie dich von Selbstsabotage und Zweifeln

206 Seiten, Paperback
Format 14,8 x 21 cm

Welche Frau wünscht sich nicht, attraktiv und schön zu sein? Aber was ist überhaupt „schön" und wer definiert das? Viele Schönheitsideale, denen wir nacheifern, sind ohnehin völlig unrealistisch. Das führt dazu, dass wir uns ständig unwohl und unzulänglich fühlen. Denn Fitness, Diäten und Co. verhelfen nicht automatisch zu Selbstbewusstsein und Wohlbefinden.

Damit darf endlich Schluss sein! Ellen Lutum zeigt in diesem Buch, was wirklich zu Wohlbefinden und Zufriedenheit führt. Der Schlüssel liegt darin zu verstehen, was dich ausmacht und wie wertvoll und wunderschön du bist – mit oder ohne perfekte Strandfigur! Damit du dich endlich so großartig fühlen kannst, wie du es schon längst bist!

Mehr Infos zum Buch:

EINE SCHATZKISTE FÜRS LEBEN

Ellen Lutum

Das Leben lieben – Die Liebe leben

191 Seiten, Paperback
Format 14,8 x 21 cm

Wie schön, berührend, freudig, traurig und vielfältig kann das Leben denn sein?

Mit Kurzgeschichten und lyrischen Texten beschreibt Ellen Lutum viele Alltagssituationen des täglichen Lebens. Zahlreiche Illustrationen ihrer Tochter, Grafiken und vielen weitere Anregungen machen das Buch zu einer großen Schatzkiste. Egal, welche Seite du aufschlägst, du findest immer etwas Wertvolles.

Dieses Buch macht Mut machen, schafft Verständnis, verteilt Liebe und lädt ein, ab und zu den Blickwinkel zu verändern.

Mehr Infos zum Buch:

DEIN BEZIEHUNGSGLÜCK MUSST DU NICHT DEM SCHICKSAL ÜBERLASSEN

Ellen Lutum

AUF WOLKE 7 IST NOCH LUFT NACH OBEN
Wie die Liebe dauerhaft Lebendig bleibt

244 Seiten, Paperback
Format 14,8 x 21 cm

Zwei Menschen auf der Couch, der Fernseher läuft, aber ansonsten läuft wenig. Der Alltag und die Jahre haben der großen Liebe den Glanz genommen. Wolke 7 ist inzwischen unbewohnt.

Kommt dir das bekannt vor? Du spürst, dass sich etwas ändern muss, damit du in deiner Beziehung bleiben kannst? Oder du bist eigentlich glücklich, aber ein wenig mehr Höhenflüge dürften es sein? Dann ist dieses Buch für dich!

Denn was so viele Paare erleben, die schon lange zusammen sind, ist nicht schicksalhaft und unabänderlich. In einer langjährigen Beziehung Erfüllung und liebevolle Verbundenheit zu erleben, ist vielmehr eine Frage der Entscheidung.

In ihrem neuen Buch verrät Ellen Lutum, was jeder für sich und beide gemeinsam dafür tun können, damit das Glück über viele Jahre bleibt und sogar noch wächst. Aus eigener Erfahrung und ihrer Arbeit als Coach ist sich die Autorin sicher: **Auf Wolke 7 ist noch Luft nach oben!**

Mehr Infos zum Buch: